Easy Short S

For Beginners

Easy French Reader Series for Beginners

Le pendentif

by Sylvie Lainé

With French-English Glossaries

Editions Le Français C'est Facile, 30170 Durfort, France

e-mail : s.laine@web.de

Copyright © 2012 Sylvie Lainé

Cover illustration : © Ralf Altrieth

ISBN : 978-2370610126

Table des matières

Le pendentif

Je m'appelle Jacques Paulin. Je suis normand. La Normandie est une belle région de France. J'habite à Honfleur, et je suis **collectionneur**° de fossiles.

collectionneur (m.) : collector

J'aime les fossiles. Ils sont mystérieux. J'ai une grande collection. Ma femme s'appelle Odile. Elle n'aime pas les fossiles. Elle est architecte ; elle aime la modernité. J'ai un chien. Il s'appelle Omer. Il est toujours avec moi. Il est petit et **mignon**°.

mignon(ne) : cute

Je cherche les fossiles sur le **sable**°. Omer cherche avec moi. Mais il aime **surtout**° **courir**°. Les fossiles sont **nombreux**°. Mais les fossiles **vraiment**° intéressants sont très rares. Je cherche **longtemps**°.

sable (m.) : sand	*nombreux (-se) : numerous*
surtout : above all	*vraiment : really*
courir : to run	*longtemps : long, a long time*

Quand il fait beau, il y a beaucoup de gens sur la **plage**°. Les gens ont des **serviettes**°, des parasols, des chaises **pliantes**° ; ils aiment **bronzer**°. Les enfants ont des ballons, des **seaux**° et des **pelles**° ; ils jouent sur la plage. Ils courent et **crient**°. C'est bien, mais je préfère être **seul**°.

plage (f.) : beach	*seau (m.) : bucket*
serviette (f.) : towel	*pelle (f.) : shovel*
pliant(e) : folding	*crier : to shout*
bronzer : to get a suntan	*seul(e) : alone*

Je vais **plus loin**° ; il y a une plage **sauvage**°. Là, il n'y a pas de maisons, pas de magasins, pas de toilettes, pas de **douches**°, donc il n'y a **personne**°. Là, Omer et moi, nous cherchons des fossiles. Parfois, nous trouvons un fossile rare. Alors nous sommes très contents.

plus loin : farther	*douche (f.) : shower*
sauvage : wild	*personne : nobody*

Nous **restons**° longtemps sur la plage. Et **j'oublie**° le **temps**°. Je préfère **l'hiver**°. **Pendant**° cette saison, Omer et moi nous sommes seuls. Nous écoutons le **vent**°, la **mer**° et les **mouettes**°. Tout est calme, et c'est très agréable. **Heureusement**°, j'ai mon **portable**°.

rester : to stay
oublier : to forget
temps (m.) : time
hiver (m.) : winter
pendant : during

vent (m.) : wind
mer (f.) : sea
mouette (f.) : seagull
heureusement : fortunately
portable (m.) : cell phone

Je reste souvent très longtemps sur la plage. Alors ma femme m'appelle pour dîner. Heureusement, la maison n'est pas **loin**°. Je **rentre**° avec mon **vélo**°. Omer **court**° **derrière**° moi. Ma femme Odile est très gentille. Mais elle n'aime pas les fossiles. C'est dommage. Heureusement, elle **cuisine**° bien.

loin : far away
rentrer : to come back home
vélo (m.) : bike

courir : to run
derrière : behind
cuisiner : to cook

Je travaille pour le muséum d'Histoire Naturelle. J'aime mon **métier**° et je suis heureux. Les fossiles sont passionnants ; ils **racontent**° une histoire. Ils sont aussi très beaux. Il y a des fossiles plantes et des fossiles animaux. Ils sont **souvent**° très petits. Ils sont transformés en **pierre**°. Ces animaux et ces plantes sont très vieux.

métier (m.) : job
raconter : to tell

souvent : often
pierre (f.) : stone

Ce soir, j'ai de la **chance**°. J'ai **trouvé**° un magnifique fossile. Je **montre**° mon fossile à Omer. Il est content aussi ; c'est une belle découverte. Il a sûrement cinq cent mille ans. Je le **mets**° dans une petite **boîte**°. Je continue ma promenade, les **yeux**° fixés sur le sable.

j'ai de la chance : I am lucky
trouver : to find
montrer : to show

mettre : to put
boîte (f.) : box
les yeux : the eyes

Tout à coup°, Omer **aboie**°. Je regarde mon chien. Il me regarde. Sous sa **patte**°, un objet **brille**°. Je dis : « Tu es un bon chien. Tu as trouvé un fossile ? » Je **ramasse**° l'objet ; ce n'est pas un fossile. C'est un **bijou**° ancien, avec une photo.

tout à coup : suddenly	*briller : to shine*
aboyer : to bark	*ramasser : to pick up*
patte (f.) : paw	*bijou (m.) : jewel*

Sur la photo, je vois un joli **visage**° de jeune fille. C'est un **pendentif**°. Je le **retourne**°, et je lis ces mots : « **À toi, pour toujours**°. Geneviève, Honfleur 1952. » C'est un beau bijou. Mais il **appartient**° à qui ?

visage (m.) : face	*à toi, pour toujours : yours for ever*
pendentif (m.) : pendant	*appartenir (à) : to belong (to)*
retourner : to turn over	

Omer aboie **encore une fois**°. Je le regarde et je dis : « D'accord, Omer. Nous allons chercher le propriétaire de ce bijou. C'est sûrement un souvenir très précieux. » Je **mets**° le bijou dans la petite boîte, avec le fossile.

encore une fois : one more time
mettre : to put

Je **réfléchis**°. Geneviève a **peut-être**° 25 ans en 1952. Donc **aujourd'hui**°, elle a 83 ans. Omer aboie une troisième fois. Je réponds : « Oui, Omer ; c'est très facile. Nous allons trouver Geneviève. Elle habite peut-être encore à Honfleur. »

réfléchir : to think, to reflect
peut-être : perhaps, maybe
aujourd'hui : today

Je retourne en ville et je prends mon vélo. Honfleur n'est pas loin. C'est tout **près d'ici**°. J'arrive à Honfleur. Je vais au café Chez Jean, sur le **port**°. Je **m'assois**° à une table de la terrasse. Il fait beau ; le soleil brille. C'est le soir ; les magasins sont fermés, et il n'y a pas **beaucoup de monde**°.

tout près d'ici : nearby	*s'asseoir : to sit down*
port (m.) : harbour, port	*beaucoup de monde : many people*

J'ai **soif**° ; j'ai **envie**° d'un **rafraîchissement**°. Le serveur arrive : « Vous désirez ?
— Une limonade, s'il vous plaît. »

j'ai soif : I am thirsty
j'ai envie de: I feel like
rafraîchissement (m.) : refreshment

Après **quelques**° minutes, le serveur **apporte**° ma limonade. Je demande : « Le patron est là ? » Il répond :
« Il **rentre**° à sept heures. Vous pouvez **attendre**° ?
— Oui, pas de problème. »

quelques : a few	*rentrer : to come back*
apporter : to bring	*attendre : to wait*

Je décide d'attendre. Quelques **nuages**° arrivent, mais il fait encore **doux**°. La température est agréable. Des pigeons **se promènent**° sur le **trottoir**°. Ils **picorent**° des **miettes**°. Dans le port, un petit **bateau de pêche**° blanc et bleu **passe**°. Plus loin, un groupe de touristes fait des photos.

nuage (m.) : cloud	*picorer : to peck*
doux (-ce) : mild	*miette (f.) : crumb*
se promener : to walk around	*bateau de pêche : fishing boat*
trottoir (m.) : pavement, sidewalk	*passer : to go past*

Le serveur **revient**° avec un **bol**° d'eau. Il dit : « Un bol d'eau pour votre chien. » Et il **pose**° le bol sous la table. Je dis : « Merci, c'est très gentil. » Omer est très content ; il boit.

revenir : to come back
bol (m.) : bowl
poser : to put

Un peu plus tard°, le patron arrive enfin.
« Bonjour Monsieur Paulin. Comment allez-vous ?
— Je vais bien, merci. Et vous ? »

un peu plus tard : a little later

Il s'appelle Jean Galettière. C'est un homme grand et **mince**°. Il a **environ**° 75 ans. Il n'aime pas la **retraite**° ; il préfère travailler. Heureusement, il **adore**° son travail. Je dis : « J'ai une question. Connaissez-vous une certaine Geneviève à Honfleur ? Elle **doit**° avoir aujourd'hui environ 83 ans. »

mince : thin
environ : around, about
retraite (f.) : retirement

adorer : to love
devoir : must

Monsieur Galettière **réfléchit**°. Il répond : « Je crois que oui. Mais je ne la **vois**° plus depuis longtemps. Je **crois**° qu'elle **habitait**° au 2 **rue**° de la **Bouteille de lait**°. »

réfléchir : to think, to reflect
voir : to see
croire : to believe

habitait : imparfait, v. habiter
rue (f.) : street
bouteille (f.) de lait : milk bottle

J'ouvre ma petite boîte à fossiles. Je montre le bijou à Monsieur Galettière. Il est très **abimé**° et vieux. Monsieur Galettière dit : « Il est **malheureux**°. Il est **perdu**° depuis longtemps°. » Monsieur Galettière parle toujours **comme ça**°. Pour lui, les objets sont **vivants**°. Il regarde la petite photo. « Oui, je crois que je **connais**° ce **visage**°. »

abimé(e) : damaged
malheureux (-se) : unhappy
perdu(e) : lost
depuis longtemps : for a long time

comme ça : like that
vivant(e) : alive, living
connaître : to know
ce visage (m.) : this face

Je dis merci et je remets le bijou dans la petite boîte. Mon téléphone portable **sonne**°. C'est Odile, ma femme. Elle m'appelle pour dîner. Je dis : « Je rentre dans cinq minutes, ma chérie. » Je me lève et **serre la main**° de Monsieur Galettière : « Bonne **soirée**° ! »

sonner : to ring
serrer la main : to shake hands
soirée (f.) : evening

Le lendemain matin°, je me lève à neuf heures. Je prends mon petit déjeuner, et je vais en vélo au 2 rue de la Bouteille de lait. Il fait très beau ; c'est dimanche. Les magasins sont fermés. Les mouettes **crient**° dans le ciel. L'atmosphère est joyeuse ; il y a une fête dans la ville. Beaucoup de gens se promènent dans les rues. Au port, je dois **descendre**° de mon vélo. Devant la **mairie**°, une **chorale**° chante des chansons célèbres.

le lendemain matin : the next morning
crier : to shout, to cry
descendre : get off

mairie (f.) : town council
chorale (f.) : choir

Bientôt, j'arrive dans un quartier plus calme. La maison que je cherche est une jolie maison blanche avec des **volets**° bleus. La rue de la Bouteille de lait est très **étroite**°. Je pose mon vélo **contre**° le mur, et je **frappe**° à la **porte**°. J'entends une **voix**° derrière la porte. « Un instant, s'il vous plaît. » Une minute **plus tard**°, la porte **s'ouvre**°.

volet (m.) : shutter	*porte (f.) : door*
étroit(e) : narrow	*voix (f.) : voice*
contre : against	*plus tard : later*
frapper : to knock	*s'ouvrir : to open*

Un monsieur **âgé**° **apparaît**°. Je dis : « Bonjour Monsieur. Excusez-moi de vous **déranger**°. Je cherche une dame. Elle s'appelle Geneviève. Elle habite ici ? » Il répond : « **Ma foi**°, oui ! C'est mon **épouse**°. Je vais l'appeler. Entrez, **je vous prie**°. »

âgé(e) : old, elderly	*ma foi, oui : well, yes*
apparaître : to appear	*épouse (f.) : wife, spouse*
déranger : to disturb	*je vous prie : please*

J'entre dans la maison. Je suis dans une jolie salle à manger. Tout est propre et **bien rangé**°. Je vois une table et six chaises, et une petite **cheminée**°. Il y a un grand vase sur la table. Un chat **dort**° sur le **fauteuil**°. Heureusement, Omer est **resté**° à la maison. Après quelques minutes, le monsieur **revient**° avec une dame âgée.

bien rangé(e) : tidy, neat	*fauteuil (m.) : armchair*
cheminée (f.) : fireplace	*rester : to stay*
dormir : to sleep	*revenir : to come back*

Elle est très petite, et ses cheveux sont blancs. Elle **sourit**° et dit : « Bonjour Monsieur. Vous désirez me parler ? » Je prends ma petite boîte, et je **montre**° le bijou. Je dis : « J'ai trouvé cet objet sur la plage. **C'est à vous**° ? »

sourire : to smile	*c'est à vous ? : is it yours ?*
montrer : to show	

La petite dame regarde le bijou et **ouvre**° de grands yeux. Je vois l'émotion sur son **visage**° ; puis un grand **sourire**° apparaît. Elle regarde son **mari**°. Lui aussi **semble**° très content.

ouvrir : to open
visage (m.) : face
sourire (m.) : smile

mari (m.) : husband
sembler : to seem

Il dit : « **J'ai perdu**° ce pendentif **il y a**° environ dix ans. J'étais sur la plage, à la **pêche**° aux **coques**°. Cette **perte**° était une catastrophe pour moi. »

j'ai perdu : I lost (p. composé, perdre)
il y a 10 ans : 10 years ago
pêche (f.) : fishing

coque (f.) : cockle
cette perte (f.) : this loss

Le vieil homme prend l'objet dans ses mains. Il me regarde et dit : « C'est un miracle ! Comment l'avez-vous trouvé ? » Alors je **raconte**° les circonstances de ma découverte. Les deux petites personnes sont **ravies**°. Je vois le **bonheur**° dans leurs yeux. Je dis au revoir, et je reprends mon vélo.

raconter : to tell
ravi(e) : delighted
bonheur (m.) : happiness

Sur le **chemin du retour**°, je passe **devant**° le café. Monsieur Galettière est sur la terrasse. Il prépare les tables pour le déjeuner. « Bonjour, monsieur Galettière ! C'était la bonne adresse. Geneviève et son mari ont retrouvé leur pendentif.

— Magnifique ! répond Monsieur Galettière, vous avez **rendu**° son **sourire**° à la petite photo... »

chemin (m.) du retour : way back
devant : in front of

rendre : to give back
son sourire (m.) : its smile

L'HOMME
A TETE DE CHEVAL

Nous sommes en mars, **pendant**° les vacances de **Pâques**°. **Comme**° tous les ans, je vais à Peynac. Peynac est un beau village, dans le sud de la France. Je prends le **TGV**° à Paris, **jusqu'à**° Narbonne.

pendant : during
Pâques : Easter
comme : as

TGV (m.) : Train Grande Vitesse (high speed train)
jusqu'à : until, up to

C'est rapide ; en quatre heures, je suis à Narbonne. Là, je prends le bus pour Peynac. J'aime beaucoup le **trajet**° en bus. Je regarde le **paysage**°. Il est magnifique ; il y a des **collines**° et des **lacs**°. Des hérons **pêchent**° le poisson.

trajet (m.) : journey
paysage (m.) : landscape
colline (f.) : hill

lac (m.) : lake
pêcher : to fish

Je suis **presque°** **seul°** dans le bus. Ce n'est pas la saison touristique. Il y a un monsieur **devant°** moi. Je **vois°** **seulement°** ses cheveux blancs. Il voyage seul, comme moi.

presque : almost
seul(e) : alone
devant : in front of

voir : to see
seulement : only

Mais **tout à coup°**, il **tourne°** la **tête°**. Son **visage°** est sérieux, mais **aimable°**. Il me regarde et dit : « **Aujourd'hui°**, vous allez **rencontrer°** votre **destin°** ! »

tout à coup : suddenly
tourner : to turn
tête (f.) : head
visage (m.) : face

aimable : friendly
aujourd'hui : today
rencontrer : to meet
destin (m.) : destiny

Je n'ai pas le **temps°** de **répondre°**. Il **se lève°** et **descend°** à la première station. Je **reste°** dans le bus, étonné. Je **me dis°** : « C'est un original. » Pendant quelques minutes, je reste à ma place, **perplexe°**. « Mon destin ?... » Mais finalement, je ne **pense°** **plus°** à cette étrange personne.

temps (m.) : time
répondre : to answer
se lever : to stand up
descendre : to get down
rester : to stay

se dire : to say to yourself
perplexe : puzzled
penser : to think
ne...plus : no longer

Dix minutes **plus tard°**, le bus arrive dans le village. Je descends et je continue **à pied°**. Mon hôtel n'est pas très **loin°**. Il est **au bord du°** lac. Il y a un autre hôtel dans le centre du village, mais je préfère l'Hôtel du Lac. Il offre une vue splendide sur le paysage.

plus tard : later

à pied : on foot

loin : far away   *au bord de : at the edge of*

Quand° j'arrive à l'hôtel, il est deux heures de **l'après-midi**°. Il fait beau ; le **ciel**° est bleu. Il ne fait pas très **chaud**°. C'est normal, c'est le **début**° du **printemps**°.

quand : when
après-midi (m.) : afternoon
ciel (m.) : sky

chaud(e) : warm
début (m.) : beginning
printemps (m.) : spring

J'arrive à mon hôtel. La **propriétaire**° est à la réception. Elle s'appelle madame Murier. C'est une grande femme brune très sympathique. Elle a **environ**° quarante-cinq ans. « Bonjour, monsieur Quentin, dit-elle. Vous avez fait bon voyage ?

— Un excellent voyage, merci. Comment allez-vous ?

— Très bien, merci. La Chambre bleue est **prête**°. Vous avez **l'habitude**°.

— C'est parfait, merci. Il n'est pas trop tard pour déjeuner ? Je n'ai pas mangé dans le train. J'aime **tellement**° votre cuisine ! J'espère que le restaurant est **ouvert**°... »

propriétaire (m.) : owner
environ : about, around
prêt(e) : ready

vous avez l'habitude : you are used to it
tellement : so much
ouvert(e) : open

Madame Murier **sourit**° : « Oui, il est **encore**° ouvert. Et il n'est pas trop tard. Il **reste**° du poisson **à l'estragon**°. C'est le **plat**° du jour. » Je réponds, **ravi**° : « C'est parfait. Je **dépose**° ma **valise**° et j'arrive. »

sourire : to smile
encore : still
rester : something is left, remains
estragon (m.) : tarragon

plat (m.) du jour : dish of the day
ravi(e) : delighted
déposer : to put down
valise (f.) : suitcase

Je vais dans ma chambre, au premier **étage**°. C'est la Chambre bleue. Elle est petite mais confortable. Les **murs**° sont bleus ; les **draps**° sont blancs ; les **rideaux**° sont bleus aussi. Il y a une **fenêtre**° et un balcon avec vue sur le lac et les **vignes**°. Le calme est parfait. Je suis **content**°.

étage (m.) : floor
mur (m.) : wall
drap (m.) : bed sheet
rideau (m.) : curtain

fenêtre (f.) : window
vigne (f.) : vineyard
content(e) : pleased

Mais je ne reste pas dans la chambre. Je **redescends**° **l'escalier**°. Le restaurant de l'hôtel est **au rez-de-chaussée**°. Je choisis une table, **près de**° la fenêtre. Je suis le dernier client : il y a seulement deux ou trois personnes dans le restaurant. Elles terminent leur café. Le serveur m'**apporte**° du poisson avec des **pommes de terre**° et de la salade. Le **repas**° est délicieux. Le poisson est frais, les pommes de terre sont **fondantes**°.

redescendre : to go down again
escalier (m.) : stairs
rez-de-chaussée (m.) : ground floor
près de : near

apporter : to bring
pomme (f.) de terre : potato
repas (m.) : meal
fondant(e) : very tender

Après le café, je me lève. À la réception, je dis à madame Murier : « **C'était**° délicieux, madame Murier.
— **Tant mieux**° ! Le poisson est de la région. » Elle **ajoute**° : « Vous faites une **promenade**°, cet après-midi ? Vous pouvez aller au marché. C'est aujourd'hui, comme tous les mardis.

c'était : it was (imparfait, v. être)
tant mieux : so much the better
ajouter : to add
promenade (f.) : walk, stroll

— Très bonne idée. **Il me faut°** un **cadeau°** pour des amis. Pourquoi pas une **bouteille de vin°** ?

— **Alors°**, c'est **l'endroit°** idéal. **Malheureusement°**, la météo annonce de la **pluie°** pour cet après-midi.

— **Ce n'est pas grave°**. J'ai mon **parapluie°**. Merci du **conseil°**. Et bon après-midi !

— Bon après-midi ! » répond madame Murier.

il me faut : I need	*malheureusement : unfortunately*
cadeau (m.) : gift	*pluie (f.) : rain*
bouteille (f.) de vin : bottle of wine	*ce n'est pas grave : it doesn't matter*
alors : then	*parapluie (m.) : umbrella*
endroit (m.): place	*conseil (m.) : advice*

Je prends mon **manteau°**. Je ne suis pas **pressé°**. Je reste quelques minutes devant l'hôtel. Je **marche°** un peu. J'admire le lac. J'aime cette saison. Elle est calme et tranquille. Elle est idéale pour se **reposer°**. Et la nature est belle. C'est le début du printemps. Les **premiers° amandiers° fleurissent°**.

manteau (m.) : coat	*premier (-ière) : first*
pressé(e) : hurried	*amandier (m.) : almond tree*
marcher : to walk	*fleurir : to blossom*
se reposer : to rest	

Il n'y a **personne°** ici. Seulement des **oiseaux°** sur le lac et les premières **abeilles°** sur les fleurs de romarin. Je **respire°** l'air frais. Je suis heureux et satisfait. **Trop°** heureux pour **craindre° l'avenir°**.

ne...personne : nobody	*trop : too*
oiseau (m.) : bird	*craindre : to fear*
abeille (f.) : bee	*avenir (m.) : future*
respirer : to breathe	

Je **pense**° au vieux prophète, dans le bus. Je **me demande**° : « Je vais vraiment rencontrer mon destin ? Une personne **charmante**°, **peut-être**°. Pourquoi pas ? » Une personne charmante ? Je souris, **le cœur léger**°, et je commence à **rêver**°...

penser : to think
se demander : to wonder, to ask yourself
charmant(e) : charming, delightful

peut-être : maybe
le cœur léger : light-hearte[d]
rêver : to dream

Je vais donc au marché de Peynac. Comme tous les mardis, les marchands sont sur la place. Il y a **beaucoup de monde**°.

beaucoup de monde : many people

Les **gens**° **se promènent**° **entre**° les stands. Ils achètent des fruits, des **légumes**°, du fromage... Les marchands appellent les clients ; ils parlent **fort**°. Il y a beaucoup de **bruit**°. L'ambiance est animée.

les gens (m. pl.) : the people
se promener : to go for a walk
entre : between

légume (m.) : vegetable
fort (adv.) : loudly
bruit (m.) : noise

Bien sûr°, il y a aussi un marchand de vins. J'admire ses bouteilles. Il a beaucoup de **crus**° régionaux. Je dis au marchand : « Bonjour, monsieur. Je voudrais un vin de Peynac, s'il vous plaît.
— Certainement, monsieur. Vous voulez **goûter**° ?
— Avec plaisir. »

bien sûr : of course
cru (m.) : vintage (of wine)
goûter : to taste

Le marchand me **donne**° un petit **verre**° de vin. Je goûte. Il n'est **pas mal**°. Il est **même**° parfait pour mes amis. **Pendant que**° je **réfléchis**°, un autre client arrive. Il demande au marchand : « Vous avez du **sel**° de Guirec ? »

donner : to give	*pendant que : while*
verre (m.) : glass	*réfléchir : to think*
pas mal : not bad	*sel (m.) : salt*
même : even	

Après tout°, pourquoi **en**° parler ? C'est un client : quelqu'un qui **fait ses courses**°, comme **tout le monde**°. **Eh bien**°, **pourtant**°, ce n'est pas quelqu'un comme tout le monde...

après tout : after all	*tout le monde : everyone*
en (pronom) : about it	*eh bien : well*
faire les courses : to do the grocery shopping	*pourtant : yet, though*

D'abord°, sa **voix**° est étrange. C'est une voix de **fausset**°. Je me dis : « C'est peut-être un enfant. » Alors, je **lève**° la tête. Je regarde le client... Quel choc ! Ce n'est pas un **être humain**° ! C'est un **homme**° avec une tête... Je n'**ose**° pas le dire... Une tête de **cheval**° !

d'abord : first(ly)	*être humain (m.) : human being*
voix (f.) : voice	*homme (m.) : man*
fausset (m.) : falsetto	*oser : to dare*
lever : to raise	*cheval (m.) : horse*

J'ouvre° grands les yeux et la **bouche**°. Je suis stupéfait : l'homme a un grand manteau, une **écharpe**° et – je ne rêve pas – une **vraie**° tête de cheval !

ouvrir grand : to open wide	*écharpe (f.) : scarf*
bouche (f.) : mouth	*vrai(e) : true*

Je me demande : « Comment est-ce possible ? Est-ce que je suis **fou**° ? » Je regarde les **poils**° sur son visage, ses grandes **dents**° quand il ouvre la bouche. Il ne me regarde pas ; il écoute la réponse du marchand.

fou (folle) : mad
poil (m.) : hair
dent (f.) : tooth

« Non, monsieur, désolé. Nous n'avons pas de sel. Uniquement du vin. Demandez au stand **d'à côté**° », répond le marchand. C'est **incroyable**° : le marchand n'est pas surpris. Il parle normalement avec l'**étonnant**° personnage. Je regarde les gens **autour de**° moi : personne n'est étonné. Qu'est-ce qui **se passe**° ici ? J'ai des hallucinations ?

à côté : nearby
incroyable : incredible
étonnant(e) : astonishing, amazing
autour de moi : around me
qu'est-ce qui se passe ? : what is going on ?

L'homme-cheval **s'éloigne**°. **Sans**° hésiter, je **pose**° mon verre de vin et je le **suis**°. Il marche dans la **foule**°. Il marche **vite**°. Il marche **de plus en plus**° vite. Je **cours**° **derrière**° lui.

s'éloigner : to go away
sans : without
poser : to put (down)
suivre : to follow
foule (f.) : crowd

vite (adv.) : fast
de plus en plus : more and more
courir : to run
derrière : behind

Mais il y a trop de monde. **Bientôt**°, je ne distingue **presque**° **plus** le fabuleux personnage. Finalement, il **disparaît**° dans la foule. C'est fini. Je ne le vois plus.

bientôt : soon

presque plus : almost no more

disparaître : to vanish

J'ai les idées **confuses**° : « C'est absurde ! **De plus**°, il a **oublié**° son sel... » Je **repense**° au vieux prophète... Mais quel **rapport**° avec mon destin ? Et comme "personne charmante", **il y a mieux**°...

confus(e) : muddled
de plus : moreover
oublier : to forget
repenser : to think again
rapport (m.) : relationship, connection
quel rapport avec : what does it have to do with...
il y a mieux : there must be something better

Je suis dans une **drôle**° de situation : qu'est-ce qu'on fait quand on voit un homme avec une tête de cheval ? On va à la police ? On appelle les journalistes ? Personne ne me croira...

drôle (de) : strange

Je **rentre**° à l'hôtel. **Déjà**°, le ciel **devient**° **nuageux**° ; le **temps**° change vite. Madame Murier est dans la **cour**°. Elle **rentre**° les chaises de jardin.

rentrer : to return, to come back   *temps (m.) : weather*
déjà : already   *cour (f.) : yard*
devenir : to become   *rentrer qqch : to bring/take in*
nuageux (-se) : cloudy

Elle me demande : « Vous avez acheté du bon vin ? » C'est vrai : j'ai oublié mon vin ! J'hésite un peu et je réponds :

« Oh ! J'ai **changé d'avis**°. Pour mes amis, je vais choisir un **autre**° **cadeau**°.

changer d'avis : to change one's mind   *un autre : another*
                                            cadeau (m.) : gift

— Vous **trouverez**° **quelque chose**°. Il y a beaucoup de délicieuses spécialités dans la région.

— Oui, **vous avez raison**°. Bonsoir, madame Murier.

— Bonsoir, monsieur Quentin. »

Je suis **resté**° dix jours à Peynac. **Pendant**° ces dix jours, je n'ai **jamais**° **revu**° l'homme à tête de cheval.

trouver : to find (here : future tense)
quelque chose : something
vous avez raison : you are right
rester : to stay (here : p. composé)

pendant : during
ne … jamais : never
revoir : to see again (here : p. composé)

L'année **suivante**°, je ne retourne pas à Peynac. J'ai beaucoup de travail. **J'aide**° mon frère. Il **aménage**° son magasin. Mais deux ans plus tard, je fais ma valise, et je prends le train pour le sud.

suivant(e) : next
aider : to help

aménager : to arrange

J'arrive à Peynac **vers**° midi. Il fait beau ; le **soleil**° **brille**°. La température est agréable. Nous sommes en mai ; c'est dimanche. Sur la place du village, il y a un bistrot sympathique : « Chez Catherine ». Il y a beaucoup de monde à la terrasse.

vers : around
soleil (m.) : sun

briller : to shine

Justement°, **j'ai envie**° d'un sandwich avec un café. Je **m'assois**° à une table **dehors**°. Je commande un sandwich à la mozzarella et un café. L'atmosphère est joyeuse. Et la place est belle. J'admire les vieilles maisons. Je regarde les gens. Des enfants jouent au ballon. Des dames discutent devant une boutique.

justement : it so happens that

avoir envie de : to feel like

s'asseoir : to sit down   *dehors : outside*

Le temps **passe**°. Je mange mon sandwich. Je termine mon café. Je voudrais payer **l'addition**°, mais la serveuse n'est pas là. Alors, j'entre dans le bistrot.

passer : to go by   *addition (f.) : bill*

Sur le **comptoir**°, il y a des verres, des **tasses**° **vides**°, mais aussi des prospectus et des programmes de spectacles. Je regarde les prospectus. Il y a peut-être un programme intéressant. Apparemment, on peut visiter un **atelier**° de sculpteur.

comptoir (m.) : counter   *vide : empty*
tasse (f.) : cup   *atelier (m.) : studio*

Je ne **savais**° pas qu'il y avait un atelier de sculpteur à Peynac. Je regarde les photos sur le prospectus. Tout à coup, j'ai une énorme surprise : sur la photo, une sculpture représente... un homme avec une tête de cheval ! C'est **incroyable**°. Est-ce que c'est une coïncidence ? Je prends le prospectus, je le **mets**° dans ma **poche**°. Je paye mon addition et je **sors**° dans la rue.

je savais : I knew (imparfait, v. savoir)   *poche (f.) : pocket*
incroyable : unbelievable   *sortir : to go out*
mettre : to put

Je **dois**° voir cet atelier. Il est dans la **rue**° des Pêcheurs, numéro 23. Je **connais**° cette rue, mais je ne connais pas cet atelier de sculpteur... Il est peut-être nouveau ? Je **traverse**° le village. Je passe devant **l'église**°. Des touristes prennent des photos.

devoir : to have to, must   *traverser : to cross*
rue (f.) : street   *église (f.) : church*
connaître : to know

Je continue, je suis pressé. Je tourne à droite, je tourne à gauche. Les rues sont de plus en plus **étroites**°. Finalement, je trouve la petite rue des Pêcheurs. Au numéro 23, il y a une belle grande **vitrine**°.

étroit(e) : narrow
vitrine (f.) : shop window

C'est l'atelier du sculpteur. Je regarde à l'intérieur. Beaucoup de grandes sculptures sont **exposées**°. Il y a aussi des sculptures plus petites, sur des **étagères**°.

exposer : to exhibit
étagère (f.) : shelf

Ce sont des personnages burlesques – **mi**-hommes°, mi-animaux – et des personnages de légende. Dans un **coin**° de l'atelier, je vois l'homme à tête de cheval. C'est une grande figure en bronze. Je suis stupéfait. « Il existe ! Mais il n'est plus **vivant**° ! » La **porte**° de l'atelier est ouverte. J'entre.

mi- : half   *vivant(e) : alive*
coin (m.) : corner   *porte (f.) : door*

Je n'ai plus **jamais**° **quitté**° cet atelier. Aujourd'hui, j'habite ici. Oui, j'habite à Peynac, rue des Pêcheurs. **Qu'est-ce qui s'est passé**° ? Eh bien, j'ai rencontré le sculpteur. **C'était**° une sculptrice...

plus jamais : never again   *se passer : to happen*
quitter : to leave   *c'était : it was (imparfait, v. être)*

C'est **véritablement**° une personne charmante. Est-ce que c'est cela, mon destin ? Elle s'appelle Anaïs. Mais aujourd'hui, je l'**appelle**° Nana. Nous **vivons**° ensemble, et nous sommes heureux. Si j'ai rencontré Nana, c'est **grâce à**° l'homme à tête de cheval.

véritablement : really
appeler : to call

vivre : to live
grâce à : thanks to

Comment l'homme à tête de cheval, une sculpture de bronze, est-il **devenu**° vivant ? **Personne**° ne le sait. C'est un mystère. Mais aujourd'hui, je ne me **pose**° **plus**° de questions...

devenir : to become (here : p. composé)
personne : nobody
se poser des questions : to ask yourself questions
ne...plus : no more, no longer

La Sirène

C'est un camping calme et **tranquille**°, planté de **mûriers**°. J'ai une **tente**° pour une personne. Sa couleur est verte. Elle est installée dans **l'herbe**°, sous un arbre. J'ai aussi un parasol, une petite table et une chaise. Avec un **réchaud**° et des casseroles, je **fais la cuisine**°.

tranquille : calm, quiet
mûrier (m.) : mulberry tree
tente (f.) : tent

herbe (f.) : grass
réchaud (m.) : portable stove
faire la cuisine : to cook

Nous sommes en été, et il fait chaud. La **plage**°, une jolie plage de **galets**°, est à cinq minutes. À **l'entrée**° du camping, il y a une réception, une boutique et un petit restaurant.

plage (f.) : beach
galet (m.) : pebble
entrée (f.) : entrance

J'ai **quelques**° **voisins**° : un couple sympathique, avec un chien. Ils ont une **caravane**°. Plus loin, un autre couple **campe**° avec un jeune garçon. « Nous venons tous les ans, disent-ils, c'est le plus beau camping du **monde**°. »

quelques : a few, several, some   *camper : to camp*
voisin (m.) : neighbour   *monde (m.) : world*
caravane (f.) : caravan, trailer

Cette année, j'ai de longues vacances. Je suis ici **depuis**° **déjà**° deux semaines. Je me **repose**°. J'ai une **vie**° **agitée**°, alors je **savoure**° le calme. La **lenteur**°. Le silence. Je prends mon **temps**°. Le temps **passe**° moins vite quand on n'est pas **pressé**°.

depuis : since   *savourer : to savour*
déjà : already   *lenteur (f.) : slowness*
se reposer : to rest   *temps (m.) : time*
vie (f.) : life   *passer : to go past*
agité(e) : restless   *pressé(e) : hurried*

J'apprécie° les gestes **quotidiens**° : faire la cuisine, la **vaisselle**°, le marché... La simplicité me **nourrit**°.

apprécier : to appreciate, to value
quotidien(ne) : daily
faire la vaisselle : to do the washing-up
nourrir : to feed, to nourish

Tous les matins, je vais à la plage. La petite **crique**° est bien **abritée**°. À huit heures, il n'y a personne. L'air est pur et **doux**°. La **mer**° est calme.

crique (f.) : cove, inlet
abrité(e) : sheltered

doux (-ce) : soft, mild
mer (f.) : sea

Au loin, des **bateaux**° passent avec leurs grandes **voiles**° blanches. Je vais **pieds nus**° sur les galets, et j'entre dans l'eau claire. Je **nage**° loin et longtemps. Je savoure la **fraîcheur**° de l'eau. Les **rayons**° du soleil **se reflètent**° sur l'eau et m'**éblouissent**°. Je ferme les yeux.

bateau (m.) : ship, boat
voile (f.) : sail
pieds nus : bare-footed
nager : to swim

fraîcheur (f.) : coolness
rayon (m.) : beam
se refléter : to reflect
éblouir : to dazzle

Quand je reviens sur la plage, des **vacanciers**° sont arrivés. Ils ouvrent leurs parasols. Je **m'assois**° sur ma serviette, et je rêve quelques **instants**°.

vacancier (m.) : holidaymaker
s'asseoir : to sit down
instant (m.) : instant, moment

J'écoute le **bruit**° des **vagues**° et les **rires**° des enfants. Mais je ne **reste**° pas longtemps. J'ai très **faim**°. Je retourne au camping, et je prends une douche. Je m'habille et je prépare un café, des biscottes, des fruits...

bruit (m.) : noise, sound
vague (f.) : wave
rire (m.) : laugh, laughter

rester : to stay
avoir faim : to be hungry

Deux fois° par semaine, je fais les courses. Je prends mon **sac à dos**°, et je vais au village. Je choisis le **sentier**° littoral. Pendant le **trajet**°, j'admire la belle Méditerranée.

deux fois : twice
sac (m.) à dos : rucksack, backpack

sentier (m.) : path
trajet (m.) : way, route

Je fais le marché. J'achète du pain, des fruits, des légumes et des **boissons**°. Quand je reviens, mon sac à dos **plein**°, il fait très chaud et je **transpire**°. Mais j'aime cette sensation. Je **sens**° mon **corps**°. Je **vis**°.

boisson (f.) : drink
plein(e) : full
transpirer : to sweat

sentir : to feel
corps (m.) : body
vivre : to live

Au retour, je passe devant les caravanes ; je dis bonjour à mes voisins. Assis sur des **chaises longues**°, ils discutent et se reposent. Ils me demandent : « L'eau est bonne, aujourd'hui ?
— Moins chaude qu'hier, mais excellente ! » Je **caresse**° le petit chien.

chaise longue (f.) : deckchair
caresser : to stroke

L'après-midi, je me promène. Mais plus **souvent**°, je reste au camping et je lis un livre. Le soir, quand le soleil **se couche**°, je m'assois dans **l'herbe**° et je regarde le **ciel**°.

souvent : often
se coucher : to set (sun), to go to bed

herbe (f.) : grass
ciel (m.) : sky

Les premières **étoiles**° **apparaissent**°. J'imagine que je **vole**° vers elles, ces milliards de soleils répétés **à l'infini**°. Alors mon univers, **d'habitude**° si minuscule, avec la petite tente, la plage et le village, **s'élargit**° et **enfle**°. Il est grand. Il est immense.

étoile (f.) : star
apparaître : to appear
voler : to fly
à l'infini : endlessly

d'habitude : usually
s'élargir : to broaden, to expand
enfler : to swell

Finalement, je me lève. Je **range**° mes affaires, je me brosse les dents et je me couche.

ranger : to tidy up

Ce soir, nous sommes le trente juin. Il fait très chaud, et je dors mal. **J'ai soif**°. Vers trois heures, je me lève. J'ouvre **doucement**° la tente et je vais aux lavabos.

avoir soif (f.) : to be thirsty
doucement : gently, softly

Dans la nuit, la **lune**° **éclaire**° un peu le **chemin**°. Je passe de l'eau sur mon **visage**°. J'écoute. Tout dort dans le camping. Seules quelques **sauterelles**° **sifflent**° doucement. L'air est chaud, et il n'y a pas de **vent**°.

lune (f.) : moon
éclairer : to light up
chemin (m.) : way, road, path
visage (m.) : face

sauterelle (f.) : grasshopper
siffler : to whistle
vent (m.) : wind

Je reviens à ma tente. Je **soulève**° le **rideau**° pour entrer. Alors, derrière la **toile**°, j'entends un petit **cri**°. **Surpris**°, je **recule**°. Je demande : « Qui est là ? » **Debout**° dans la nuit, les yeux **écarquillés**° pour **essayer**° de voir quelque chose, j'attends.

soulever : to raise
rideau (m.) : curtain
toile (f.) : canvas
cri (m.) : cry, shout
surpris(e) : surprised, stunned

reculer : to move back
debout : standing up
écarquiller les yeux : to open
one's eyes wide
essayer : to try

Dans la tente, une petite voix demande, sur un ton **irrité**° :
« Qu'est-ce que vous faites ici ? Partez !
— Mais... Vous êtes dans ma tente.
— Ce n'est pas vrai. Vous êtes chez moi ! Partez ! »

Déconcerté°, je regarde à droite... à gauche... Sous la lumière de la lune, je reconnais ma tente, mes affaires... Je **murmure**° à travers la toile : « **Vous vous trompez**°, c'est vous qui êtes chez moi. »

irrité(e) : irritated
déconcerté(e) : abashed

murmurer : to murmur
se tromper : to make a mistake

Pendant quelques secondes, je n'entends plus rien. Puis, doucement, le rideau se soulève. Une petite **main**° blanche apparaît. Puis un **bras**°... et un visage... C'est une jeune femme. Maintenant, elle est debout devant la tente, et ses cheveux blonds **scintillent**° sous la lune.

main (f.) : hand
bras (m.) : arm
scintiller : to twinkle

Elle porte un long **paréo**° **autour de**° la taille. Sa **beauté**° est irréelle. Elle dit sans me regarder : « Je dormais... » Je **distingue**° un petit **reproche**° dans sa voix. **Timidement**°, je dis : « Pardon, mais pourquoi dormez-vous dans ma tente ? »

paréo (m.) : wraparound skirt
autour de : around
beauté (f.) : beauty

distinguer : to discern
reproche (m.) : reproach
timidement : timidly

Tout à coup°, elle **semble°** se réveiller. Un peu **effrayée°**, elle dit : « Excusez-moi, j'ai **fait erreur°**. » Alors, elle **s'enfuit°** et disparaît.

tout à coup : suddenly
sembler : to seem
effrayé(e) : frightened

faire erreur : to make a mistake
s'enfuir : to run away

Pendant quelques minutes, je reste là, sans **bouger°**. Je suis **stupéfait°**. Enfin, j'entre dans la tente. Dans **l'obscurité°**, je **perçois°** un léger parfum, mi-fruité, mi-marin. Je pense : « **Comme°** c'est **étrange°** ! Pendant quelques minutes, quelqu'un **a dormi°** dans mon lit. »

bouger : to move
stupéfait(e) : amazed
obscurité (f.) : darkness
percevoir : to perceive, to detect

comme : as, like
étrange : strange
dormir : to sleep

Je me couche et je ferme les yeux. Je **respire°** le parfum. Comme une partie d'elle-même, **l'inconnue°** l'a laissé dans son **sillage°**. C'est **comme si°** elle était encore présente, ici, avec moi. Le parfum m'**enivre°** et m'**emplit°** de rêves. Je **souris°**... et je **m'endors°**.

respirer : to breathe in
inconnu (m.), inconnue (f.) : unknown person
sillage (m.) : wake, trail
comme si : as if
enivrer : to intoxicate, to make drunk
emplir : to fill
sourire : to smile
s'endormir : to fall asleep

Je rêve comme je n'ai **jamais encore**° rêvé. Je rêve des rêves marins, **aériens**°, cristallins. Il n'y a pas de mots pour les définir. Ce sont des rêves où **règnent**° le tout et le **rien**° ; la **lourdeur**° et la **légèreté**° ; le simple et le complexe ; le passé et le futur.

jamais encore : never before	*rien (m.) : nothingness*
aérien(ne) : aerial	*lourdeur (f.) : heaviness*
régner : to reign, to prevail	*légèreté (f.) : lightness*

C'est le **chant**° des **oiseaux**° qui me réveille. Il fait jour. Une lumière **satinée**° **inonde**° la tente. Mais le parfum **a disparu**°. Je **me souviens de**° la rencontre de la nuit. Je me sens lourd et **vide**° **à la fois**°. C'est peut-être la chaleur, ou les rêves étranges de la nuit. Je me lève et je vais à la douche.

chant (m.) : singing	*disparaître : to disappear*
oiseau (m.) : bird	*se souvenir (de) : to remember*
satiné(e) : satiny	*vide : empty*
inonder : to flood	*à la fois : at once*

Machinalement°, je marche dans le camping. Comme d'habitude, je passe devant les caravanes et les tentes. Comme chaque matin, les campeurs se lèvent et **s'étirent**°. Comme tous les jours, les oiseaux cherchent dans l'herbe les petits fruits des mûriers. Comme à chaque heure, les nuages **fuient**° dans le ciel. Mais quelque chose a changé. Qu'est-ce que c'est ? Je me sens isolé et **inutile**°.

machinalement : mechanically	*fuir : to flee, to fly by*
s'étirer : to stretch out	*inutile : useless*

Je décide d'aller nager. Je voudrais me **rafraîchir**° dans l'eau claire. **Chasser**° le **voile**° qui **assombrit**° mon **humeur**°. Je prends mon **maillot de bain**°, ma serviette, et je vais à la plage. Il n'y a personne. Je nage pendant quelques minutes. Mais je n'ai plus le même **plaisir**°.

se rafraîchir : to freshen up	*humeur (f.) : mood*
chasser : to dispel	*maillot de bain (m.) : bathing suit*
voile (m.) : veil	*plaisir (m.) : pleasure*
assombrir : to darken	

Je reviens sur les galets et je m'assois. Je **réfléchis**°. Le soleil monte au-dessus de la **colline**°. Aujourd'hui encore, il va faire très chaud. Mais maintenant, un sentiment m'**oppresse**°. Ou plutôt un **besoin**° ; une faim ; une soif. C'est une soif ancienne qui se réveille. Une soif **oubliée**°, **enterrée**° depuis longtemps. Elle réapparaît aujourd'hui. Pourquoi ? Et d'où vient-elle ?

réfléchir : to reflect, to think	*besoin (m.) : need*
colline (f.) : hill	*oublier : to forget*
oppresser : to oppress, to burden	*enterrer : to bury*

De retour à la tente, je prépare du café et des **tartines**°. « Bonjour », dit une **voix**° dans mon **dos**°. C'est le directeur du camping.

tartine (f.) : slice of bread
voix (f.) : voice
dos (m.) : back

« Il y a une fête ce soir, au restaurant du camping ; nous organisons un dîner avec de la musique. Voulez-vous réserver une table ? » Sans réfléchir, j'accepte. Habituellement, **j'évite**° les fêtes ; je suis **plutôt**° **réservé**° et solitaire. Mais aujourd'hui, c'est différent.

éviter : to avoid
plutôt : rather
réservé(e) : reticent, reserved

Le soir **approche°**. Je me prépare. Je mets un pantalon, une **chemise°** et des sandales élégantes.

approcher : to get nearer
chemise (f.) : shirt

Quand j'arrive au restaurant, le serveur m'**indique°** une table. Je m'assois. Un peu plus loin, **j'aperçois°** mes voisins et leur fils. Je lève la main pour les **saluer°**.

indiquer : to show
apercevoir : to perceive, to see
saluer : to say hello, to greet

Un groupe de musiciens joue de la musique brésilienne. L'atmosphère est **détendue°**. Je regarde les gens autour de moi. Ils ont **remplacé°** shorts et tee-shirts par des **robes°** et des belles chemises. Une **odeur°** de fruits de mer et de **poivrons°** grillés **flotte°** dans l'air. Est-ce que je vais revoir la jeune femme de la nuit ?

détendu(e) : relaxed
remplacer : to replace
robe (f.) : dress

odeur (f.) : smell, scent
poivron (m.) : pepper
flotter : to float

Je commande un verre de vin et une paella. Pendant le **repas°**, je discute un peu avec mes voisins de table. Nous parlons du beau temps et de la température de l'eau... La paella est délicieuse. Après le dessert, des couples se lèvent et commencent à danser. Ils ont chaud ; leurs **joues°** sont roses.

repas (m.) : meal
joue (f.) : cheek

Le temps passe. Les gens **s'amusent°** beaucoup. Mais je **m'ennuie°**. Je ne me sens pas à ma place. Je me lève, et je paie mon addition. Je marche dans les allées **désertes°**, **plongé°** dans mes **rêveries°**. J'oublie le temps et l'espace autour de moi.

s'amuser : to enjoy oneself
s'ennuyer : to be bored
désert(e) : deserted

plongé(e) : immerse
rêverie (f.) : daydreaming

Tout à coup, je réalise que je suis à la plage. Au loin, j'entends les sons de la musique. La lune **se reflète°** sur l'eau comme des **milliers°** d'étoiles. Un **voilier°** **se balance°** au rythme des vagues.

se refléter : to reflect
millier (m.) : thousand

voilier (m.) : sailboat
se balancer : to sway, to swing

Je regarde autour de moi. Deux jeunes garçons **lancent°** des galets sur la surface de l'eau. Les galets **frappent°** les vagues et **ricochent°**. Je m'assois sur le **sol°**.

lancer : throw
frapper : to hit

ricocher : to rebound
sol (m.) : ground

Alors, à ma gauche, j'aperçois une personne seule, **assise°** comme moi sur les cailloux. Je la reconnais immédiatement. C'est l'inconnue de la nuit, **enveloppée°** dans ses cheveux blonds et son paréo bleu.

assis(e) : sitting
envelopper : to wrap

Au même instant, elle m'aperçoit aussi. Son **regard°** est bleu comme la mer. Elle dit : « Bonsoir. » Alors, je réalise que le paréo est en réalité une longue et **fine°** **queue°** de poisson...

regard (m.) : gaze
fin(e) : fine, delicate
queue (f.) : tail

La sirène dit, de sa voix douce : « J'espère que je ne vous ai pas trop **effrayé**° la nuit dernière. » Je réponds : « Non, non. Au contraire, c'est moi qui vous ai effrayée. Je suis vraiment désolé.

— Oh, ne vous inquiétez pas. Ce n'est pas votre **faute**°. Je suis **somnambule**°... Je nage pour venir sur la plage. La nuit dernière, j'ai nagé pendant mon **sommeil**°. J'ai trouvé votre tente, et je me suis couchée.

— Vous habitez loin ?

— Non. Je suis **partout**° chez moi. »

---

effrayer : to frighten, to scare
faute (f.) : fault, mistake
somnambule : sleepwalker

sommeil (m.) : sleep
partout : everywhere

L'instant est extraordinaire. Je me sens bien, détendu. J'ai **l'impression**° de connaître cet **être**° depuis toujours.

impression (f.) : impression, feeling
être (m.) : being

Elle veut connaître mon passé et mes projets futurs. Je parle avec légèreté. Je lui **raconte**° ma vie. J'avais oublié le bonheur d'être écouté. Elle me demande mes **goûts**° et mes rêves. Elle veut connaître mes **joies**° et mes **peines**°. Jamais personne ne m'a **si**° bien écouté. Avec elle, je suis moi. Un **bien-être**° m'**emplit**° le **cœur**°. Je me sens accepté et **choyé**°. C'est comme si des **morceaux**° de moi, autrefois **séparés**°, **se retrouvaient**°.

---

raconter : to tell
goût (m.) : taste
joie (f.) : joy
peine (f.) : sorrow, grief
si : so
bien-être (m.) : well-being

emplir : to fill
cœur (m.) : heart
choyé(e) : cherished
morceau (m.) : piece, bit
séparé(e) : separated
se retrouver : to come together again

La soif réveillée **s'apaise°** de **nouveau°**... Nous parlons longtemps, mais les heures me **semblent°** des minutes.

s'apaiser : to calm down
de nouveau : again
sembler : to seem

Finalement, la jeune femme se lève et dit : « Je vais partir, maintenant. Je suis heureuse de vous avoir rencontré.

Bouleversé°, je ne peux rien répondre.

Elle sourit : « Alors, à l'année prochaine !

— Oui... À l'année prochaine. »

bouleversé(e) : overwhelmed

Gracieusement, sa petite silhouette illuminée par la lune, elle entre dans la mer. Je la regarde nager à la surface de l'eau. Ses cheveux blonds scintillent, et son corps **souple° ondule°** entre les vagues. Enfin, elle disparaît.

souple : supple, flexible
onduler : undulate, to wave

Je reste encore longtemps sur la plage. Le cœur léger, je regarde la mer et l'horizon au loin. J'imagine la petite sirène **parmi°** les poissons et les algues. Un sentiment de gratitude m'**envahit°**. Je lève les yeux, et je regarde le ciel. **Lointaines°** et inaccessibles, les étoiles m'**observent°**. Elles ont un **air° si° bienveillant°**.

parmi : among
envahir : to overcome
lointain(e) : distant
observer : to observe, to watch
air (m.) : appearance, look
si : so
bienveillant(e) : watchful, friendly, benevolent

GLOSSAIRE

A

à toi *yours*
l' abeille (f.) *bee*
abimé(e) *damaged*
d'abord *first(ly)*
aboyer *to bark*
abrité(e) *sheltered*
l' addition (f.) *bill*
adorer *to love*
aérien(ne) *aerial*
âgé(e) *old, elderly*
agité(e) *restless*
aider *to help*
aimable *friendly*
l' air (m.) *appearance, look*
ajouter *to add*
aller *to go*
alors *then*
l' amandier (m.) *almond tree*
aménager *to arrange, to set up*
s'amuser *to enjoy oneself*
s'apaiser *to calm down*
apercevoir *to perceive, to see*
apparaître *to appear*
appartenir *to belong*
appeler *to call*
apporter *to bring*
apprécier *to appreciate, to value*
approcher *to get nearer*
l' après-midi (m.) *afternoon*
assis(e) *sitting*

s'asseoir *to sit down*
assombrir *to darken*
l' atelier (m.) *studio*
attendre *to wait*
aujourd'hui *today*
autour de *around*
autre *other*
l' avenir (m.) *future*
l' avis (m.) *opinion*
changer d'avis *to change one's mind*

B

se balancer *to sway, to swing*
le bateau (m.) *ship, boat*
le bateau de pêche (m.) *fishing boat*
la beauté (f.) *beauty*
le besoin (m.) *need*
avoir besoin de *to need*
bien (adv.) *well, correct(ly)*
le bien-être (m.) *well-being*
bien sûr *of course*
bientôt *soon*
bienveillant(e) *watchful, benevolent*
le bijou (m.) *jewel*
la boisson (f.) *drink*
la boîte (f.) *box*
le bol (m.) *bowl*
le bonheur (m.) *happiness*
le bord (m.) *edge*

la **bouche (f.)** *mouth*
bouger *to move*
bouleversé(e) *overwhelmed*
la **bouteille (f.) de lait (m.)** *milk bottle*
la **bouteille (f.) de vin (m.)** *bottle of wine*
le **bras (m.)** *arm*
briller *to shine*
bronzer *to get a suntan*
le **bruit (m.)** *noise, sound*

C

le **caillou (m.)** *pebble, stone*
c'est à vous ? *is it yours ?*
c'était (v. être) *it was*
le **cadeau (m.)** *gift*
camper *to camp*
la **caravane (f.)** *caravan, trailer*
caresser *to stroke*
la **chaise longue (f.)** *deckchair*
la **chance (f.)** *luck*
changer *to change*
  changer d'avis *to change one's mind*
le **chant (m.)** *singing*
charmant(e) *charming, delightful*
chasser *to dispel*
chaud(e) *warm*
le **chemin (m.)** *way, road, path*
le **chemin du retour** *way back*
la **cheminée (f.)** *fireplace*
la **chemise (f.)** *shirt*
le **cheval (m.)** *horse*
le **choc (m.)** *shock*
la **chorale (f.)** *choir*
choyé(e) *cherished*
le **ciel (m.)** *sky*
le **cœur (m.)** *heart*
le **coin (m.)** *corner*
le **collectionneur (m.)** *collector*
la **colline (f.)** *hill*
comme *as, like*
comme ça *like that*

comme si *as if*
comment *how*
comptoir (m.) *counter*
confus(e) *muddled*
connaître *to know, to be acquainted with*
le **conseil (m.)** *advice*
content(e) *pleased*
contre *against*
la **coque (f.)** *cockle*
le **corps (m.)** *body*
le **côté (m.)** *side*
  à côté de *next to*
  se coucher *to set (sun), to go to bed*
la **cour (f.)** *yard*
courir *to run*
les **courses (f. pl.)** *shopping*
  faire les courses *to do the grocery shopping*
craindre *to fear*
le **cri (m.)** *cry, shout*
crier *to shout, to cry*
la **crique (f.)** *cove, inlet*
croire *to believe*
le **cru (m.)** *vintage (of wine)*
cuisiner *to cook*

D

debout *standing up*
le **début (m.)** *beginning*
déconcerté(e) *abashed*
dehors *outside*
déjà *already*
demander *to ask*
  se demander *to wonder*
la **dent (f.)** *tooth*
déposer *to put down*
depuis *since*
depuis longtemps *for a long time*
déranger *to disturb*
dernier(-ière) *last*
derrière *behind*
descendre *to get down ; to get off*

désert *deserted*
le **dessin (m.) animé** *cartoon*
le **destin (m.)** *destiny*
détendu(e) *relaxed*
devant *before, in front of*
devenir *to become*
devoir *to have to, to must*
dire *to say, to tell*
   se dire *to say to oneself, to reflect*
disparaître *to disappear, to vanish*
distinguer *to discern*
donc *therefore, so*
donner *to give*
dormir *to sleep*
le **dos (m.)** *back*
doucement *gently, softly*
la **douche (f.)** *shower*
doux(-ce) *soft, mild*
le **drap (m.)** *bed sheet*

E

éblouir *to dazzle*
écarquiller les yeux *to open one's eyes wide*
l' **écharpe (f.)** *scarf*
éclairer *to light up*
effrayé(e) *frightened*
effrayer *to frighten, to scare*
l' **église (f.)** *church*
eh bien ! *well !*
s'élargir *to broaden, to expand*
s'éloigner *to go away*
emplir *to fill*
encore *still*
encore une fois *one more time*
s'endormir *to fall asleep*
l' **endroit (m.)** *place*
enfler *to swell*
s'enfuir *to run away*
enivrer *to intoxicate, to make drunk*
s'ennuyer *to be bored*
enterrer *to bury*
entre *between*

l' **entrée (f.)** *entrance*
entrer *to go into, to go inside*
envahir *to overcome*
envelopper *to wrap*
l' **envie (f.)** *desire, wish, longing*
   avoir envie de *to feel like, to want, to wish*
environ *around, about*
l' **épouse (f.)** *wife, spouse*
l' **escalier (m.)** *stairs*
essayer *to try*
l' **estragon (m.)** *tarragon*
l' **étage (m.)** *floor*
l' **étagère (f.)** *shelf*
était (v. être) *was, used to be*
s'étirer *to stretch out*
l' **étoile (f.)** *star*
étonnant(e) *astonishing, amazing*
étrange *strange*
l' **être (m.)** *being*
l' **être (m.) humain** *human being*
étroit(e) *narrow*
éviter *to avoid*
exposer *to exhibit*

F

la **faim (f.)** *hunger*
   avoir faim *to be hungry*
faire *to make*
faire erreur *to make a mistake*
faire la cuisine *to cook*
faire la vaisselle *to do the washing-up*
falloir *must, have to, need to*
   il faudrait *we should*
   il faut *one has to*
la **faute (f.)** *fault, mistake*
fauteuil (m.) *armchair*
la **femme (f.)** *woman*
la **fenêtre (f.)** *window*
fin(e) *fine, delicate*
fleurir *to blossom*
flotter *to float*
ma foi, oui *well, yes*

la **fois (f.)** *time*
   à la fois *at once*
   deux fois *twice*
   encore une fois *one more time*
fondant(e) *very tender*
fort(e) *strong, loud(ly)*
fou (f. : folle) *mad*
la **foule (f.)** *crowd*
la **fraîcheur (f.)** *coolness*
frapper *to hit*
fuir *to flee, to fly by*

G

le **galet (m.)** *pebble*
les **gens (m. pl.)** *people*
le **goût (m.)** *taste*
goûter *to taste*
grâce à *thanks to*
grave (ce n'est pas ~) *it doesn't matter*

H

habiter *to live*
l' **habitude (f.)** *habit*
   habitude (avoir l'~) *to be used to*
   d'habitude *usually*
l' **herbe (f.)** *grass*
heureusement *fortunately*
l' **histoire (f.)** *story*
l' **hiver (m.)** *winter*
l' **homme (m.)** *man*
l' **humeur (f.)** *mood*

I

il y a 10 ans *10 years ago*
l' **impression (f.)** *impression, feeling*
l' **inconnu (m.)** *unknown person*
incroyable *incredible, unbelievable*

indiquer *to show*
l' **infini (m.)** *infinity*
inonder *to flood*
l' **instant (m.)** *instant, moment*
l' **intérêt (m.)** *interest*
   quel intérêt *what's the point*
interroger *to question*
inutile *useless*
irrité(e) *irritated*

J

jamais *never*
   ne...jamais *never*
   jamais encore *never before*
la **joie (f.)** *joy*
la **joue (f.)** *cheek*
jusqu'à *until, up to*
justement *it so happens that*

L

le **lac (m.)** *lake*
le **lait (m.)** *milk*
lancer *throw*
léger (-ère) *light*
la **légèreté (f.)** *lightness*
le **légume (m.)** *vegetable*
le **lendemain matin (m.)** *the next morning*
la **lenteur (f.)** *slowness*
lever *to raise*
   se lever *to get up, to stand up*
lire *to read*
loin *far away*
lointain(e) *distant*
longtemps *long, a long time*
la **lourdeur (f.)** *heaviness*
la **lune (f.)** *moon*

M

ma foi, oui *well, yes*

machinalement *mechanically*

le **maillot de bain (m.)** *bathing suit*

la **main (f.)** *hand*

maintenant *now*

la **mairie (f.)** *town concil*

mal (adv.) *badly*

malheureusement *unfortunately*

malheureux(-se) *unhappy*

le **manteau (m.)** *coat*

marcher *to walk*

le **mari (m.)** *husband*

même *even*

la **mer (f.)** *sea*

le **métier (m.)** *job*

mettre *to put*

mi- *half*

midi *midday*

la **miette (f.)** *crumb*

mieux (adv.) *better*

mignon(ne) *cute*

millier (m.) *thousand*

mince *thin*

le **monde (m.)** *world, people*

beaucoup de monde *many people*

tout le monde *everyone*

montrer *to show*

le **morceau (m.)** *piece, bit*

la **mouette (f.)** *seagull*

le **mur (m.)** *wall*

le **mûrier (m.)** *mulberry tree*

murmurer *to murmur*

N

nager *to swim*

ne...jamais *never*

ne...plus *no more, no longer*

nombreux(-se) *numerous*

nourrir *to feed, to nourish*

nouveau (-velle) *new*

de nouveau *again*

le **nuage (m.)** *cloud*

nuageux(-se) *cloudy*

O

l' **obscurité (f.)** *darkness*

observer *to observe, to watch*

l' **odeur (f.)** *smell, scent*

l' **oiseau (m.)** *bird*

onduler *undulate, to wave*

oppresser *to oppress, to burden*

oser *to dare*

oublier *to forget*

ouvert(e) *open*

ouvrir *to open*

s'ouvrir *to open*

ouvrir grand *to open wide*

P

Pâques *Easter*

le **parapluie (m.)** *umbrella*

le **paréo (m.)** *wraparound skirt*

parmi *among*

partout *everywhere*

passer *to go by ; to go past*

se passer *to happen*

la **patte (f.)** *paw*

le **paysage (m.)** *landscape*

la **pêche (f.)** *fishing*

pêcher *to fish*

le **pêcheur (m.)** *fisherman*

la **peine (f.)** *sorrow, grief*

la **pelle (f.)** *shovel*

pendant *during*

pendant que *while*

le **pendentif (m.)** *pendant*

penser *to think*

percevoir *to perceive, to detect*

perdre *to lose*

perplexe *puzzled*

personne (ne) *nobody*

la **personne (f.)** *person*

la **perte (f.)** *loss*

peut-être *perhaps, maybe*

picorer *to peck about*

le **pied (m.)** *foot*

pieds nus *bare-footed*
la **pierre (f.)** *stone*
la **plage (f.)** *beach*
le **plaisir (m.)** *pleasure*
le **plat (m.) du jour** *dish of the day*
plein(e) *full*
pliant(e) *folding*
plongé(e) *immersed*
la **pluie (f.)** *rain*
plus *more*
  de plus *moreover*
  de plus en plus *more and more*
  ne...plus *no more, no longer*
  plus jamais *never again*
  plus loin *farther*
  plus tard *later*
plutôt *rather*
la **poche (f.)** *pocket*
le **poil (m.)** *hair*
le **poivron (m.)** *pepper*
la **pomme (f.) de terre (f.)** *potato*
le **port (m.)** *harbour, port*
le **portable (m.)** *cell phone*
la **porte (f.)** *door*
poser *to put (down)*
  poser des questions *to ask questions*
pour toujours *for ever*
pouvoir *to be able to*
premier(-ière) *first*
prendre *to take*
près de *near*
  près d'ici *nearby*
presque *almost*
pressé(e) *hurried*
prêt(e) *ready*
prier *to ask*
le **printemps (m.)** *spring*
la **promenade (f.)** *walk, stroll*
se promener *to walk, to go for a walk*
promettre *to promise*
propriétaire (m. or f.) *owner*

Q

quand *when*
quel intérêt ? *what's the point ?*
quel(le) *what, which*
quelque chose *something*
quelques *a few, several, some*
la **queue (f.)** *tail*
quitter *to leave*
quotidien(ne) (adj.) *daily*

R

raconter *to tell*
se rafraîchir *to freshen up*
le **rafraîchissement (m.)** *refreshment*
raison (vous avez ~) *(you are) right*
ramasser *to pick up*
rangé(e) *tidy, neat*
ranger *to tidy up*
le **rapport (m.)** *relationship, connection*
ravi(e) *delighted*
le **rayon (m.)** *beam*
reculer *to move back*
redescendre *to go down again*
réfléchir *to think, to reflect*
se refléter *to reflect*
le **regard (m.)** *gaze*
régner *to reign, to prevail*
remplacer *to replace*
la **rencontre (f.)** *meeting, encounter*
rencontrer *to meet*
rendre *to give back*
rentrer *to return home*
rentrer qqch *to bring in, to take in*
le **repas (m.)** *meal*
repenser *to think again*
répondre *to answer*
se reposer *to rest*
le **reproche (m.)** *reproach*

réservé(e) *reticent, reserved*
respirer *to breathe (in)*
rester *to be left, to remain ; to stay*
retourner *to turn over ; to go back*
la **retraite (f.)** *retirement*
se retrouver *to come together again*
le **rêve (m .)** *dream*
réveiller qqn *to wake sb up*
  se réveiller *to wake up*
revenir *to come back*
rêver *to dream*
la **rêverie (f.)** *daydreaming*
revoir *to see again*
le **rez-de-chaussée (m.)** *ground floor*
ricocher *to rebound*
le **rideau (m.)** *curtain*
le **rien (m.)** *nothingness*
le **rire (m.)** *laugh, laughter*
la **robe (f.)** *dress*
la **rue (f.)** *street*

S

le **sable (m.)** *sand*
le **sac (m.) à dos** *rucksack, backpack*
saluer *to say hello, to greet*
sans *without*
satiné(e) *satiny*
la **sauterelle (f.)** *grasshopper*
sauvage *wild*
savoir *to know*
savourer *to savour*
scintiller *to twinkle*
le **seau (m.)** *bucket*
le **sel (m.)** *salt*
sembler *to seem*
le **sentier (m.)** *path*
sentir qch *to feel sth*
  se sentir *to feel*
séparé(e) *separated*
serrer la main *to shake hands*
la **serviette (f.)** *towel*

seul(e) *alone*
seulement *only*
si *so*
siffler *to whistle*
le **sillage (m.)** *wake, trail*
la **soif (f.)** *thirst*
  avoir soif *to be thirsty*
la **soirée (f.)** *evening*
le **sol (m.)** *ground*
le **soleil (m.)** *sun*
le **sommeil (m.)** *sleep*
somnambule *sleepwalker*
sonner *to ring*
sortir *to go out*
soulever *to raise*
souple *supple, flexible*
le **sourire (m.)** *smile*
sourire *to smile*
se souvenir (de) *to remember*
souvent *often*
stupéfait(e) *amazed*
suivant(e) *next*
suivre *to follow*
surpris(e) *surprised, stunned*
surtout *above all*

T

tant mieux *so much the better*
tard *late*
la **tartine (f.)** *slice of bread*
la **tasse (f.)** *cup*
tellement *so much*
le **temps (m.)** *time, weather*
la **tente (f.)** *tent*
la **tête (f.)** *head*
le **TGV (m.)** *Train Grande Vitesse (high speed train)*
timidement *timidly*
la **toile (f.)** *canvas*
toujours *always*
  pour toujours *for ever*
tourner *to turn*
tout à coup *suddenly*
tout le monde *everyone*

tout près d'ici *nearby*
le **trajet (m.)** *way, route*
tranquille *calm, quiet*
transpirer *to sweat*
traverser *to cross*
se tromper *to make a mistake*
trop *too ; too much ; too many*
le **trottoir (m.)** *pavement, sidewalk*
trouver *to find*

V

le **vacancier (m.)** *holidaymaker*
la **vague (f.)** *wave*
la **valise (f.)** *bag*
le **vélo (m.)** *bike*
le **vent (m.)** *wind*
véritablement *really*
le **verre (m.)** *glass*
vers *around*
vide *empty*

vie (f.) *life*
la **vigne (f.)** *vineyard*
le **visage (m.)** *face*
vite (adv.) *fast*
la **vitrine (f.)** *shop window*
vivant(e) *alive, living*
vivre *to live*
la **voile (f.)** *sail*
le **voile (m.)** *veil*
le **voilier (m.)** *sailboat*
voir *to see*
le **voisin (m.)** *neighbour*
la **voix (f.)** *voice*
voler *to fly*
le **volet (m.)** *shutter*
vrai(e) *true*
vraiment *really*

Y

les **yeux (m.pl.)** *eyes*

You may want to read these stories in the past form?
Now that you are familiar with the vocabulary, you will only
have to focus on the simultaneous use of
passé composé and *imparfait*:

Le Pendentif, ~ Past tense ~
ISBN : 9782370610164

Other Books and Audiobooks by Sylvie Lainé :

Voyage en France, an easy French Story, ISBN : 9782370610072
Voyage à Marseille, an easy French Story, ISBN : 9782370610201
French Easy Stories, 10 Topics from Everyday life, ISBN : 9782370610348

Apps also available :

All the benefits of an ebook + audio in one easy to use app :

Notes

Notes

Notes

Notes

Notes

Notes